Verstupfen

Verstupfen
siehst du
in grauen Zeilen
mit riechenden
hörenden Augen

Verstupfen
ausgesuchter Gedichte
in ein kleines Buch

Verstupfen

Gedichte

von

Jürgen Sanders

BoD – Books on Demand, Norderstedt, 2018

Bibliographische Information der Deutschen
Nationalbibliothek:
Die Deutsche Nationalbibliothek verzeichnet diese
Publikation in der
Deutschen Nationalbibliographie; detaillierte
Informationen sind im Internet über
http://dnb.dnb.de/ abrufbar.

Hrsg., Satz und Gestaltung: Lukas Sanders

Herstellung und Verlag: BoD – Books on Demand,
Norderstedt

ISBN: 978-3-752819953

Der Sammler

Manchmal trage ich
Fragen nach Hause
in Pflanzen und Steinen
nach ihrer Gestalt
Fragen an
Pflanzen und Steine

Im Wald

Unterwegs auf leichten Pfaden
treibe ich dahin und strecke
meine Zunge in den Wind
fühle, höre, rieche, schmecke
Milde waldgestimmter Tage

Im Frühling

Becherweise trinke ich
der Liebe stille Blüten
Es liegen deine
gesternten Gedanken
ein Tagloch weiter
bedeckt von Laub

Auf der Halde

Sanddornbüsche
Unter Gräser- und
Blätterrauschen
Geröll aus taubem Gestein
Wo wir sie in Ruhe lassen
beschenkt uns die Natur

Am Weg

Zartblütig
blassrosa Orchideen
am Rand des Weges
zur Abraumhalde

Im Auwald

Moderblütig
Adoxa moschatellina
hält uns fern
Der Duft der Blätter lockt
Ameisen und Fliegen

Erwacht

Märzenbecher
Frühlingsläuten
Totgeglaubte
leuchtend weiß
erblüht

Beim Spaziergang

Grüngrashüpfer
Riesensprünge
sitzt auf dem Rücken
meiner Hand
lässt sich bewundern
auf dem Sprung
er ist so frei

Nach der Schule

Ein Kornfeld
von Mohn überrötet
Ein Kind hüpft und singt
das schaurige Lied
von der Roggenmuhme

Treiben

Waldig bergsam
steinwärts ruht
Verlangen
Treibling welle
Bachbetörter

Traum

Stehe am Ufer
des Himmels und winke
den Wolken die schwimmen
von Winden getrieben

Sehe die Sonne
sich spiegeln am Himmel
ein Abbild der Sonne
im See

Am Meer

Der Mondhund steht am Meer
spielt Wind
mit Sand und Wasser
er wedelt mit dem Schwanz
den Wolken zu
kläfft Regen
legt sich dann still
zum Strand

Am Teich

Tümple algengrün
und trübe
Licht im
Schattenfallen
tief
aus dir

Trauerweide

Stehendes Gewässer
es bleibt
in der treibenden Zeit
dichtes Schilf
birgt Laich
Tief beugt sich
Weidentrauer
über den See
berührt sich sacht
im Wellenspiegel

Hörst du

Steine setzen sich
zusammen
reden Sand
und Wasser
Hörst du
das ferne
Wellenrauschen

singen

die zugvögel flogen davon
aus dem herbst
in den wartenden süden
ich blieb zurück mit dir
und deinen winterträumen
lass uns überworten
bis die ersten flügelschläge
frühling mit sich bringen
hörst du die vögel

Spätherbst

Füße und Vögel
im Wind
Verstreut unter
Händen und Bäumen
im raschelnden Laub
bunte Träume
Herbstspätes Gold
ein Leuchten aus
Lachen und Weinen

Herbstweh

Der Vogelkeil zieht
himmelunter
grau vorüber
eine Schwalbe
streicht mich aus
die Sonne spiegelt
sich im See
mit dir

Herbstabend

Blicke auf ein
totes Fenster
graulicht stehen Bäume
hinter Glas
gemalte Pappeln
ich schaue nicht dahinter

Schneeschmelze

Vom Murgang
verschüttet
lecke heile Stille
ein Höhlenleben
in mir ein See

Ratschläge

Ihr müsst die Leute
modebewusst machen
sie in trendige
passende Meinungen kleiden
sie dazu bringen
die wie das Hemd zu wechseln
ihnen das lästige
Denken abnehmen

Unscharf

Das scharfe Bild
verschwimmt
wenn ich meine
klar zu sehen

Mitläufer

Als Kratzfüßer
suchen sie
Gedankengänger

Als Schleimspurer
folgen sie
Gedankengängen

In Quarantäne

Gedankenausschlag
Wortbelag auf der Zunge
Strenges Schweigen
und keine Besuche

Nicht lieferbar

Ich bin ein Text
auf einer
Plastiktüte
im Handel
nicht erhältlich
Lies mich
auf Papier

Der aufrechte Gang

An manchen Tagen
leichten wir und flügeln
Dann wieder gehen wir
gebeugt und in den
Staub getreten
stockentlang
auf allen Vieren

Überschaubar

Lieber sind wir
eingereiht
umrandet
überschaut
als weit hinaus
gerissen
frei

Der Narzisst

Ich schaue in
Den Spiegel
Gott ist bei mir

Gefühllos

Herzstarre
Gefühl abweisende
Sinne
unempfänglich
für Freude und Leid

Im Trüben

Nun angle ich
im stehenden Gewissen
Würmer habe ich gesammelt
auf der feuchten Wiese
doch die Fische
beißen nicht
trotz Regen

In mir

Alles zerfällt
ich bewahre
in mir ein
erstarrtes
Vergehen

Schiffbruch

Knittern im Gesicht
ein Hängen tief in Wolken
sitze ich
in einer Lache
Biereinsamkeit
kann nicht stranden
sehe kein Land

Albtraum

Ich sie um mich
sie mich in sich
eingekistet
schwarze Stille
eingegraben
niemand sucht mich

Heimsuchen

Es ist uns
still gegangen
dort zu Hause
wir finden heim
zu Damalstagen
Kind sein waren
in Erinnerung
ein Bleiben

Keine Widerworte

Was auf den Tisch kommt
wir löffeln
baden aus
das Eingebrockte
mit dem Bade
schütten aus
Mein Kind
iss und sei still

Dein Bild

Vor mir dein Bild
zwischen uns Jahre
Ein tiefer Graben
fast so breit wie ein Leben
In mir die Erinnerungen
hinter mir stehst du

Freigelegt

Gegossen war ich
abgestanden
mit Brettern
verschalt Beton
feuchte bröckelnde
Tropfsteinwände
legen ein Stahlskelett
mich frei

hinaus

ein engelwort
durchhellt
ich stehe auf
und gehe
aus dem kopf
ein zwischenmensch
ich bleibe

Über der Stille

Regenblicke
Ich gehe in Stäben
Der Kreuzgesang
der Nachtigall
Die Sonne rollt langsam
ins wartende Meer

Am Fluss

Ich sah die
Totenwasser fließen
Kahle Trauerweiden
warfen Schattenriesen
Lange schaute ich
in einen blinden Spiegel
Vergaß meine
suchenden Blicke
die langsam stillwärts trieben

Grau

Schattenleidtragende
Wandgesichter
mit grauer Haut
unter bunten Tapeten
Am Tag sind
alle Katzen müde
ich spüre deine Krallen
auf allen meinen Wegen

LiEBE

Du stellst das i
auf den Kopf
biegst es
zu einem
Fragezeichen
Liebst du mich noch?

Beim Frühstück

Unsere Zerspräche
ich gegen ich
Du wirfst mir vor
ich schweige zurück
entreden uns
voneinander

Verloren

Ich bin so
graugeleckt
unter den Wolken
abgegriffen
vorgehängt
ein schweres Schloss
an Ketten
du lässt den Schlüssel
fallen

Am Boden

Liege da
und bin in Scherben
glasgefallen
eine Vase
auf dem Boden
welke Blumen
Du bist schon
seit Tagen fort

sternlos und kalt

es ist die stille
die ich breche
übers knie
ins weinen
du hast nah
am blut gebaut
legst mir blicke
in die wunden
brennst mich aus

Die Taube

Deine Briefe an mich
Räume ohne Licht
im Haus der offenen Tür
Eine Taube irrt umher
gestern noch ein
Postillon d´Amour
turteladi turteladei
nun eine
Ratte der Lüfte

In der Abstille

Entkreist
aus dem Wind
ohne Hinterlassensspuren
Du wirfst
Schattennetze aus
überfinsterst das Licht
Es löscht dich
allmählich

Warum

Stehe da
im Sand
mit ausgelachten Füßen

Rotstimmig singst du
aus voller Kehle
zum Wind

Im Wasser
kein Grund
zu erkennen

Sprachlos

Augenrasselnd
stehst du da
ich strecke meine Lider
Mundweit fallen Töne
auf mich nieder
lausche lippenstill

Unter den Wellen

Unter den Wellen
schlägt uns kein Licht
Das Hoffen klingt kalt
aus der Tiefe
Wir trinken vom Himmel
atmen ins Leere

Das Fenster

Im Schattengestell
ein Buch
zerkreuzt durchweicht
du liest mich nicht
ein Fenster öffnet sich
uns wird licht

Warmer Regen

Du bist ein Dom
im Herrn
lässt die Glocken läuten
in den Wolken
Liebe fällt vom Himmel
auf uns nieder
nass bis auf die Haut
stehen wir
im Segen

Springlicht

Nur einen Lichtsprung weit
bist du entfernt
von mir
Nachtende du
ich komme

Dämmern

Mondtrübnis
du brichst Brot
aus grauen Wolken
verwandelst Staub
in Regen
zu Wald gebrannter Nebel
wir gehen Sonnenwege

Duldsam

Wir stehen sturm
und warten
aufeinander zu
allein
betäuben uns
mit süßer
Lullerei
fühlen uns
geborgen und frei

Für immer

Ich gehe
ins Kommen
zurück
zu dir

Loslassen

Schwere Gedanken
fallen ins Lassen
treiben im Wind

Immer und überall

Selbst im Schlaf noch
spreche ich
mit dir
Du machst mich
schweiglos

Selbstlos

Du holst mir Luft
aus voller Lunge
ich nehme dir den Atem
Du gehst rundenlang
im Kreis
ich komme dir entgegen
atemlos

Erlöst

Ich bin so
schattenfremd
ins Aus
gestiegen

Du bist so
trautlicht
in mich
eingefallen

Bitte

Federleichten
zu dir schweben
Puste mich nicht weg
lass mich zu dir

Leichthin

Federbödig
lockst du
offenmundig
lass dich
niedersinken
mit leicht
mütiger Zunge

Tagtraum

Du hast dein Haar gelöst
bist in den Wind gestiegen
ein ungelenkter Drachen
irres Treiben
Über den Wolken
fällst du sacht
aus deinem Traum
blinzelst in die
untergehende Sonne

Mondnacht

Stirnblüten
über den Brauen
du redest vom Meer
ich schreibe den Mond
auf die Wellen
Wir treiben am Ufer
zum Morgen

Nachmittags

Wolkenweiß ein grau
verschmierter Himmel
Hinter der Stirnwand
das Gute Wahre Schöne
Im See klar und rein
Blau und Sonne

Musik

Ich krieche
durch die Töne
in die Melodie
löse mich in ihr
und treibe
auf den Wellen
hinaus

An einen Dichter

Deine Sprache
verstehe ich nicht
deine Bilder
kann ich nicht sehen
zwischen den Zeilen
finde ich Leere
Was willst du mir
nicht sagen

Punktüber

Ich gehe
sprachweiter
über den Sprung
hinaus
vom Punkt zur
Kreisspirale
außer mir
hinüber

Eingefahren

Wortadern suchst du
tief unter dem Licht
Ein Hauer vor Stein
mit Tinte und Feder

Klarheit

In Stille
getauchte
Wolke

Spiegelung
des Lamms
im See

Gnade

Bibelschwarz
unter den Nägeln
brennt mir
Ein Dornbusch

Lammweiß
auf der Zunge
liegt mir
Ein Opfer

Erlösung

Stechen uns wieder
barfuß verhüllt
Dornen ein
brennender Busch
deine Worte aus Flammen
Geh hin

Tonfarben

Farbfühlungen
aufgetragen
Flächen sehenhören

Tontupfen klingen
Farbmelodien
hinter Wimpernschlägen

Düfte

Südher fließen Rosenströme
duften frühlingsleichte Öle
werde Nase bin ganz Riechen
zart durchschwebt betört
von Sinnen

Spürbar

Rederinnsal
versiegende Sprache
zu Lautlosigkeit

Tastaugen
Hören und
spürendes Fühlen

Überunter

Vom Wolkenhang
zum Tiefgrund
kopfüber
Die Sonne schaut zu
aus dem Meer
Ich sehe sie im
Wellenspiegel
ein Himmelsbild
kopfunter

Über Tage

Höhlengänge
wortbewölkt
und ermonde
sternumstellt
Über Tage
Stimmgestöber
Windfüßig
wolkenhändig
frei

Feierabend

Sitze in meinem Behagnis
schweige verblüht
Meine Zeit ist vorbei
ich träume und friede

Inhalt